SCM
Stiftung Christliche Medien

Die Bibelzitate sind entnommen aus: Neues Leben. Die Bibel,
© 2002 und 2006 SCM R.Brockhaus im SCM-Verlag GmbH & Co. KG, Witten.

Die Texte „Vergessen?", „Für Möbel", „Gott erhört Gebete", „Versorgt" und „Geschenke Gottes" sind entnommen aus:
Gott spielt in meinem Leben keine Rolle – er ist der Regisseur (mit Constanze Nolting), SCM R.Brockhaus 2006.
Die Texte „Steh auf und leuchte!", „Werde wie ein Adler", „Die Lösung", „Alles zum Besten", „Kostbar und geliebt" und
„Emporgehoben" sind entnommen aus: Lola Gola. Loslassen – Gott lassen (mit Constanze Nolting), SCM R.Brockhaus 2008.

2. Auflage 2011

© 2010 SCM Collection im SCM-Verlag GmbH & Co. KG, Witten
Gesamtgestaltung: Miriam Gamper, Essen; www.dko-design.de
Fotos: © Shutterstock
Druck: Druckerei Theiss GmbH, Österreich – www.theiss.at
ISBN 978-3-7893-9446-1
Bestell-Nr. 629.446

Kostbar
und geliebt

Vielleicht hast du das Gefühl, ein Zufallsprodukt – oder noch schlimmer, ein Fehler oder Versehen deiner Eltern – gewesen zu sein, und es kommt dir vor, als leuchte der dicke Stempel „unerwünscht" direkt auf deiner Stirn. Vielleicht bist du auch mit einer Behinderung oder einem anderen Handicap geboren und das Schönheitsideal der heutigen Zeit gaukelt dir vor, du wärest hässlich und störend. Besondere Gaben und Fähigkeiten? Die haben vielleicht die großen und berühmten Leute, die Vorzeigemenschen, denen scheinbar alles gelingt. Aber du? Du kannst doch kein geliebtes Kind Gottes sein, oder? So oder so ähnlich denkst du vielleicht manchmal. Tatsache ist, dass Gott, unser Vater im Himmel, wirklich jeden Menschen so liebt, als wäre er der einzige Mensch der Welt.

Ich persönlich habe auch sehr lange in meinem Leben geglaubt, dass ich ein Problem bin: Mit meinem Kommen habe ich eine unglückliche Ehe gestiftet, ich war unerwünscht und hatte oft das Gefühl, dass es besser gewesen wäre, wenn ich nie auf die Welt gekommen wäre. Deshalb habe ich während meiner Kindheit und Jugendzeit immer versucht, ganz brav zu sein und alles richtig zu machen. Schon früh habe ich begonnen, meiner Mutter kleine Briefe zu schreiben, in denen ich ihr gedankt habe, dass sie mich geboren hat und sich gegen eine Abtreibung entschieden hat. Diese Briefe wurden schweigend von ihr angenommen, was mich in meiner Meinung über mich noch bestätigt hat.

Als ich dann Christin wurde, war meine Beziehung zu Gott zunächst ganz ähnlich: Ich wollte eine gute Katholikin sein, besuchte jede nur mögliche Messe und strengte mich besonders an, um Gott zu gefallen. Trotzdem fand ich mich niemals gut genug, ich dachte nicht, dass Gott je mit mir zufrieden sein könnte.

Erst im Erwachsenenalter, viele Jahre später, drangen die Bibelworte in mein Herz, die mir versicherten, dass ich ein gewolltes und geliebtes Kind des Vaters im Himmel bin – ganz egal was ich leiste oder erbringe. Als eine Seelsorgerin sagte, ich solle jeden Tag damit beginnen, in den Spiegel zu schauen und laut zu sagen: „Herr, du musst einen wunderbaren Tag gehabt haben, als du mich geschaffen hast!", konnte ich diese Worte zuerst noch nicht einmal über die Lippen bringen, so gelogen kamen sie mir vor. Aber ich habe mir diese Wahrheit immer wieder und wieder laut vorgesagt, bis sie schließlich die lebenslangen Lügen verdrängten, die ich bis dahin geglaubt hatte.

Es ist die Wahrheit, dass du ein kostbares und geliebtes Geschöpf Gottes bist. Du bist von ihm geplant und gewollt, er hat dich erschaffen und möchte, dass du auf dieser Erde dein Leben gestaltest.

Es ist eine Lüge, dass ich ein Zufall bin.

Es ist die Wahrheit, dass Gott mein Leben geplant und gewollt hat.

Es ist eine Lüge, dass ich hässlich bin.

Es ist die Wahrheit, dass Gott mich wunderbar und schön gemacht hat.

Es ist eine Lüge, dass ich zu nichts tauge und mein Leben sinnlos ist.

Es ist die Wahrheit, dass Gott mir gute Gaben gibt und meinem Leben Sinn gibt.

Vertraue mir!

Mein geliebtes Kind, ich bin mit dir.

Ich werde meine Verheißungen dir gegenüber einhalten. Fürchte dich nicht wegen des Tests, den du gerade durchstehst, ich werde mein Versprechen halten. Ich kann nicht lügen. Du bist stärker, als du glaubst. Steh auf und sei stark! Ich bin mit dir und ich bleibe bei dir.

Ich rufe dich, stark zu sein durch die Kraft meines Geistes, der in dir wohnt. Du hast die Macht, zu überwinden, aufzustehen und mir zu vertrauen. Du hast die Macht, in allen Situationen zu überwinden, denn ich lebe in dir.

Du bist mein Schatz und ich habe große Freude an dir. Höre auf mein Herz. Glaube meinem Wort. Sprich Worte der Wahrheit und des Lebens aus und das, was wahr und richtig ist. Fülle dein Denken und deinen Mund mit der wunderbaren Wahrheit und mit der Macht meines Wortes.

Komm zu mir mit dankbarem Herzen und komm in meine Gegenwart mit Lobpreis. Freue dich allezeit! Ich lache über deine Feinde. Lach doch mit mir! Stell dich auf meine Verheißungen und vertraue mir. Ich sage nochmals: Vertraue mir!

Nichts ist zu schwierig für mich. Ich brauche nur dein bedingungsloses Vertrauen. Wenn du es mir schenkst, werde ich alle Dinge zum Besten zusammenwirken lassen. Nochmals sage ich: Vertraue mir!

Lach doch mit mir!

Und wir wissen, dass für die, die Gott lieben und nach seinem Willen zu ihm gehören, *alles zum Guten führt.*

Römer 8,28

In der Bibel steht über 70 Mal die Aufforderung „Steh auf!" – es ist also für Gott sehr wichtig, dass wir lernen, das auch zu tun. Wenn du ein Kind hast, dann kannst du dich bestimmt genau an seine ersten Schritte erinnern. Sicher weißt du nicht mehr, wie oft es im Prozess des Lernens hingefallen ist. Auch Gott zählt nicht, wie oft wir fallen. Das Schlimmste wäre gewesen, wenn das Kind eines Tages gesagt hätte: „Heute bleibe ich sitzen. Ich falle ja sowieso wieder." Wir sind Kinder Gottes und auch wir erleben in allen Lernprozessen: Wir fallen immer wieder. Doch Gott ermutigt uns: „Steh auf und leuchte!"

Die Kunst ist,
**ein Mal mehr aufzustehen,
als man umgeworfen wird.**

Winston Churchill

Freu dich!

Du kennst mich noch nicht, aber ich weiß alles über dich. (Psalm 139,1)

Ich weiß, wann du dich hinsetzt und wann du aufstehst. (Psalm 139,2)

Ich bin vertraut mit allen deinen Wegen. (Psalm 139,3)

Sogar die Haare auf deinem Kopf habe ich gezählt. (Matthäus 10,30)

Du bist nach meinem Ebenbild gemacht. (1. Mose 1,27)

In mir lebst du und bewegst dich und hast dein Sein. (Apostelgeschichte 17,28)

Ich habe dich gekannt, bevor du empfangen wurdest. (Jeremia 1,4-5)

Du bist kein Versehen, denn ich habe alle deine Tage in meinem Buch aufgezeichnet. (Psalm 139,15-16)

Es ist mein Wunsch, dich mit meiner Liebe zu überschütten. (1. Johannes 3,1)

Ich gebe dir mehr, als jeder irdische Vater dir geben kann. (Matthäus 7,11)

Ich bin der perfekte Vater. (Matthäus 5,48)

Meine Pläne für deine Zukunft sind voller Hoffnung. (Jeremia 29,11)

Denn ich liebe dich mit immerwährender Liebe. (Jeremia 31,3)

Meine Gedanken über dich sind so zahlreich wie der Sand am Meer. (Psalm 139,17-18)

Ich singe über dir mit Freude und Jubel. (Zephanja 3,17)

Ich werde nie aufhören, dir Gutes zu tun. (Jeremia 32,40)

Ich möchte dir Großes und Wunderbares offenbaren. (Jeremia 33,3)

Wenn du mich von ganzem Herzen suchst, wirst du mich finden. (5. Mose 4,29)

Habe deine Lust an mir und ich werde dir geben, was dein Herz begehrt. (Psalm 37,4)

Lass los!

Wenn Menschen von dir weggehen, lass sie ziehen. Deine Bestimmung ist an keinen Menschen gebunden. Menschen verlassen uns, weil sie mit uns nie richtig verbunden waren. Und wenn sie nicht mit uns verbunden sind, können wir sie nicht zwingen, zu bleiben. Lass sie los! Es bedeutet nicht, dass sie schlechte Menschen sind. Es bedeutet nur, dass ihr Kapitel in der gemeinsamen Geschichte abgeschlossen ist. Und wenn du weißt, dass dieser Abschnitt vollendet ist, dann versuche nicht, dich an sie zu klammern. Hör auf, Menschen anzubetteln, dass sie mit dir weitergehen. Lass sie los! Wenn du dich festklammerst an etwas, was nicht mehr zu dir gehört, dann lass los. Lass auch deine vergangenen Verletzungen und Schmerzen los.

Wenn jemand dich nicht mehr liebt, den Wert in dir nicht mehr erkennt: Lass los!

Wenn du Gedanken der Rache hast: Lass los!

Wenn du in falsche Beziehungen verwickelt bist oder in Abhängigkeiten lebst: Lass los!

Wenn du eine schlechte, negative Lebenseinstellung hast: Lass los!

Wenn du andere verurteilst oder richtest, damit du dich besser fühlst: Lass los!

Wenn du an deine Vergangenheit gebunden bist und Gott dich in eine neue Ebene führen möchte: Lass los!

Wenn du damit kämpfst, zerbrochene Beziehungen zu heilen: Lass los!

Wenn du versuchst, jemandem zu helfen, der es gar nicht will: Lass los!

Wenn du dich depressiv und gestresst fühlst: Lass los!

Wenn es eine Situation in deinem Leben gibt, die du so gern selbst in die Hand nehmen möchtest: Lass los!

Lass die Vergangenheit vergangen bleiben. Vergiss das Vergangene! Gott tut etwas Neues: Lass los!

Der Kampf ist des Herrn! Lass los!

Vertraue von ganzem Herzen auf den Herrn und verlass dich nicht auf deinen Verstand. Denke an ihn, was immer du tust, dann wird er dir den richtigen Weg zeigen.

Sprüche 3,5-6

Eingespannt

Wie oft wollen wir uns nicht einbinden lassen und unsere eigenen Wege gehen. Eine Freundin erzählte mir dazu vor Langem eine Geschichte:

Eine Gitarrensaite liegt neben der Gitarre und freut sich über ihre Freiheit. „Ich lasse mich nicht einspannen, ich will frei sein und entspannt. Ich werde mich nicht auf diese alte Gitarre spannen lassen, womöglich noch neben die brummige Basssaite rechts und die eintönige D-Saite links. Nein, ich will mein Leben genießen und mich entfalten. Ich kann mich lustig zusammenrollen und in der Sonne ausruhen."
Aber mit der Zeit wurde es der Saite langweilig und öde, immer so sinnlos dazuliegen. Sie wurde in ihrer Freiheit immer einsamer und nutzloser. Unbeachtet und wenig sinnvoll kam sie sich vor.

Doch der Gitarrenspieler, der sein Instrument liebte, schaute auf die Saite und erkannte die heimliche Sehnsucht. Er spürte, wie die Saite unter ihrer Bedeutungslosigkeit litt. Da sprach er ihr gut zu: „Wenn du wüsstest, was für herrliche Musik in dir steckt!" Ganz behutsam spannte er sie ein, immer ein wenig mehr, bis sie ihre Tonlage gefunden hatte. Dann begann er zu spielen, und wunderbar klang die Musik in schöner Harmonie mit all den anderen Saiten. Der Spieler hatte seine Freude. Die Saite hatte ihre Bestimmung gefunden. Und viele Menschen wurden von der Musik angerührt und getröstet.
Gott möchte unser Leben zum Klingen bringen. Er möchte uns in sein Handeln „einspannen". Nicht, um uns die Freiheit zu nehmen. Nein, Gott möchte uns die tiefste Bestimmung schenken. Von seiner Liebe angerührt, mit anderen und für andere zu erklingen.

Deshalb, liebe Freunde, bemüht euch zu zeigen, dass Gott euch berufen und erwählt hat! Wenn ihr das tut, werdet ihr niemals stolpern oder von Gott abfallen.

2. Petrus 1,10

Er ging weiter

Er ging weiter.
Er hörte die Menge schreien: „Kreuzige ihn! Kreuzige ihn!"
Er konnte den Hass in ihren Stimmen hören.
Und das waren die auserwählten Menschen!
Er liebte sie. Doch sie würden ihn kreuzigen.
Er wurde geschlagen. Er blutete. Er war geschwächt.
Sein Herz war gebrochen, aber er ging weiter!

Er konnte die Menschenmenge sehen, als er aus dem Palast kam. Er kannte all ihre Gesichter so gut. Er war dabei gewesen, als sie erschaffen worden waren. Er wusste von jedem Lächeln und jeder Träne, die vergossen worden war. Aber jetzt waren die Menschen entstellt durch ihren Hass und ihren Zorn. Sein Herz brach, aber er ging weiter!

Fürchtete er sich? Du und ich – wir hätten uns gefürchtet. Da er ein Mensch war, wäre es normal gewesen, dass er sich fürchtete. Er fühlte sich alleine; seine Jünger hatten ihn verlassen, verleugnet und sogar verraten. Er suchte in der Menge nach Menschen, die ihn liebten. Er sah wenige. Und dann wandte er seine Augen auf den, der einzig wichtig war, und er wusste: Er würde nie alleine sein. Er schaute in die Menge, auf die Menschen, die auf ihn spuckten, die Steine warfen und ihn lächerlich machten. Und er wusste, ohne ihn wären sie auf ewig allein.
Für sie ging er weiter.

Die Menge hörte das Geräusch des Hammers, der die Nägel in sein Fleisch trieb. Auch sein Schrei wurde gehört. Das Rufen der Menge, als seine Hände und Füße ans Kreuz genagelt wurden, verstärkte sich mit jedem Schlag. Aber am lautesten war in seinem Herzen die leise Stimme, die ihm zuflüsterte: „Ich bin mit dir, mein Sohn."
Und das Herz Gottes brach. Er musste es zulassen, dass sein Sohn weiterging.

Jesus hätte Gott bitten können, seinem Leiden ein Ende zu machen, aber stattdessen bat er Gott, ihnen zu vergeben. Nicht ihm zu vergeben, sondern denen, die ihn kreuzigten. Als er an diesem Kreuz hing und diesen unvorstellbaren Tod starb, schaute er hinaus und sah die Gesichter in der Menge, das Gesicht einer jeden Person, und sein Herz füllte sich mit Liebe. Als sein Körper starb, war sein Herz lebendig. Lebendig mit der endlosen, bedingungslosen Liebe, die er für jeden von uns empfindet.
Deshalb ging er weiter.

Wenn ich vergesse, wie sehr Gott mich liebt, denke ich an sein Weitergehen.
Wenn ich mich wundere, ob mir vergeben werden kann, denke ich an sein Weitergehen.
Wenn ich eine Erinnerung brauche, wie ich als Christ leben soll, denke ich an sein Weitergehen.
Und damit ich ihm zeigen kann, wie sehr ich ihn liebe, wache ich jeden Morgen auf, richte meine Augen auf ihn und gehe weiter.

„Wir wollen den Wettlauf bis zum Ende durchhalten, für den wir bestimmt sind. Dies tun wir, indem wir unsere Augen auf Jesus gerichtet halten, von dem unser Glaube vom Anfang bis zum Ende abhängt. Er war bereit, den Tod der Schande am Kreuz zu sterben, weil er wusste, welche Freude ihn danach erwartete. Nun sitzt er an der rechten Seite von Gottes Thron im Himmel!"

Hebräer 12,1-3

Gottes Wunderwege

Für Gottes Wunderwege braucht es keine guten Bedingungen oder „günstige Umstände", sondern nur die Überzeugung seiner Kinder, dass für Gott alles möglich ist.

Als mich der Herr im Alter von 60 Jahren nach Afrika rief, war das für mich die größte Überraschung in meinem Leben, denn Afrika war der letzte Kontinent, der mich anzog. Ich hatte so ein bedrücktes Herz, wenn ich an das viele Leid und die vielen Ungerechtigkeiten dachte, die die westliche Welt nach Afrika gebracht hatte.

Meine Freunde waren nicht weniger entsetzt über diese Wende in meinem Leben und warnten mich vor diesem Schritt, da sie meinten, dass mit 60 alle Krankheiten anfingen. Für kurze Zeit war ich verwirrt, bis ich die leise Stimme in meinem Herzen vernahm, die mich fragte, wo denn Gottes Wort sage, dass mit 60 alle Krankheiten begönnen.

Und heute, elf Jahre später, ist meine Gesundheit besser denn je. Obwohl ich keine Malariaprophylaxe einnehme, hatte ich noch nie Malaria.

Ich glaube inzwischen an die Wunderwege Gottes, und dass denen, die Gott lieben, alle Dinge zum Besten dienen werden. Der Herr wird denen, die ihn lieben, kein gutes Ding vorenthalten!

Schreib Geschichte!

Gott möchte durch dich und mich Geschichte schreiben – Apostelgeschichte!
Bist du bereit, von Gott gebraucht zu werden, wo du gerade bist?

Wenn Gott in uns wirkt, dann wird sich unser Verhalten verändern und gleichzeitig die ganze Welt um uns herum.
Sehr lange wollte ich die Welt verändern, vor allem meine unmittelbare Umgebung, damit es mir besser geht. Erst als ich Gott erlaubte, mich zu verändern, hat sich mein Leben drastisch verändert.

Gott wirkt in uns gemäß der Gnade, die er uns gegeben hat.
Gott wirkt in uns gemäß unserer Reife.
Gott wirkt in uns gemäß unserer Herzenseinstellung.
Gott wirkt in uns gemäß unserer Leidenschaft und Hingabe.
Gott wirkt in uns gemäß unserer Erkenntnis von ihm.
Gott wirkt in uns gemäß unserer Bestimmung.
Gott wirkt in uns gemäß unserer Erfahrung mit ihm.
Gott wirkt in uns gemäß den Gelegenheiten, die er uns bietet.
Gott wirkt in uns gemäß unserem Vertrauen und Glauben an ihn.
Nicht großen Glauben brauchen wir, sondern Glauben an einen großen Gott.

Sei ermutigt, er will sein Reich bauen mit dir und mir, denn er ist in den Schwachen mächtig!

Wenn ihr für ihn lebt und das Reich Gottes zu eurem wichtigsten Anliegen macht, wird er euch jeden Tag geben, was ihr braucht.

Matthäus 6,33

Dein Hirte

Mein geliebtes Kind! Warum sorgst du dich?
Ich bin dein Hirte und dir wird nichts mangeln.
Ich versorge dich täglich mit dem, was du brauchst.
Ich führe dich auf grüne Weideplätze und geleite dich zu ruhigen Gewässern.
Ich werde deine Seele wieder heilen und dich freisetzen von Kummer und Gram,
von Schmerz und Einsamkeit.
Ich führe dich auf Wegen, die gut für dich sind, um meines Namens willen.
Vertraue mir!
Auch wenn dunkle Wolken in deinem Leben aufziehen, fürchte dich nicht,
denn ich bin mit dir und werde dich nie verlassen noch im Stich lassen.
Schau auf mich und nicht auf die Umstände.
Ich werde dich noch segnen, dass deine Feinde und Spötter nur so staunen.
Ich mache dein Leben fruchtbar und meine Güte und Barmherzigkeit werden dich umgeben
alle Tage deines Lebens.
Du wirst in meiner Gegenwart leben allezeit und niemand wird dich aus meiner Hand reißen.
Bleib bei mir und werde ruhig.

Nach Psalm 23

„Für Möbel"

Für die Schulen und Waisenhäuser, die in Mukono, Uganda, gebaut wurden, habe ich viele Male die Kosten hin und her berechnet. Ich habe an alles gedacht und sogar noch zehn Prozent für mögliche Preissteigerungen einkalkuliert. Als ich sicher war, dass unser Geld reichen würde, fingen wir an zu bauen und alles lief gut.

Nach ein paar Monaten standen die Gebäude schon fast und ich dachte froh über den Einzug der Kinder nach. Da fiel mir siedend heiß ein, was ich vergessen hatte: Wir hatten keinen Cent Geld mehr für irgendwelche Möbel oder Inneneinrichtungen der Schulen und Waisenhäuser. Fassungslos versank ich in meinem Schrecken. Ich wagte nur, mit Gott darüber zu sprechen, und befahl ihm die Situation an. Wie konnte mir das passieren! Kein Mensch erfuhr von meinem Missgeschick.

Am selben Tag hat ein lieber Freund in Europa 80 000 Euro auf unser Konto überwiesen und den Vermerk „Für Möbel" dazugeschrieben.

Als ich den Spendeneingang sah, bekam ich weiche Knie und ein von Dankbarkeit überfließendes Herz – Gott sorgt in seiner großen Güte für uns, bevor wir ihn noch bitten können!

Gott kennt dein Herz und will dich segnen!

Überlasst all eure Sorgen Gott, denn er sorgt sich um alles, was euch betrifft!

1. Petrus 5,7

Werde wie ein Adler

Zum sechzigsten Geburtstag habe ich einen selbst modellierten, sehr schönen Adler bekommen, auf dem ein Schild mit dem Vers angebracht war: Doch die, die auf den Herrn warten, gewinnen neue Kraft. Sie schwingen sich nach oben wie die Adler. Sie laufen schnell, ohne zu ermüden. Sie werden gehen und werden nicht matt (Jesaja 40,31). Dieses Wort hat mich sehr beflügelt. Es war für mich eine Aufforderung, in eine neue Dimension des Lebens einzutreten. Und ich bin tatsächlich in eine neue Dimension des Lebens eingetreten! Der Heilige Geist hat etwas getan. Unser Leben kann eine ganz neue Dimension erhalten, wenn wir lernen, auf Gott zu warten, und wenn wir ihn uns lehren lassen, wie wir mit Flügeln wie Adler auffahren können. Adler sind kühn, stark und absolut hingebungsvoll, wenn es darum geht, den Nachwuchs aufzuziehen. In der Bibel steht an keiner Stelle: Werdet wie die Hühner! Vielmehr sollen wir uns wie Adler verhalten, denn von ihnen können wir eine Menge für unser Leben und für unsere Beziehung zu Gott lernen:

Der Adler ist ein Vogel, der uns motivieren soll, in unser Potenzial hineinzuwachsen. Gott verspricht dir: „Ich habe so viel Potenzial in dich hineingelegt. Wenn ich dir sagen würde, was ich für einen Traum für dich habe, du würdest es mir nicht glauben. Du würdest es nicht für möglich halten, dass ich das mit dir tun kann." Aber er glaubt an dich, viel mehr, als du an dich selbst glaubst. Der Herr Jesus möchte nicht, dass wir weiterhin in unseren Ängsten stecken bleiben, sondern dass wir vorangehen, dass wir auch bereit sind, Fehler zu machen, kritisiert zu werden, und einfach mutig werden. Wir sollen dem Heiligen Geist Raum geben, damit er durch uns hindurchfließen kann, sodass wir „fliegen" können. Gott schaut nicht auf unser Können, nicht auf unsere Fähigkeiten. Er schaut auf unsere Verfügbarkeit, auf die Hingabe. Gott sucht Menschen, die mit völliger Hingabe an ihn leben.

Wer versucht

Doch wer sein Leben für mich aufgib

sein Leben zu behalten, wird es verlieren.
wird das wahre Leben finden.

Matthäus 16,25

Reich

Mein Sohn, meine Tochter, du gehörst nicht mehr dir selbst.
Du wurdest mit dem teuren Blut meines Sohnes erkauft.
Und jetzt gehörst du zu mir.
Deine einzige Aufgabe ist es, auf mich zu schauen,
nicht auf dich selbst und nicht auf andere.
Ich liebe dich.
Kämpfe dich nicht ab, entspanne dich in meiner Liebe.
Ich weiß, was für dich am besten ist, und werde es in dir vollbringen.
Gib mir die Freiheit, dich zu lieben.
Mein Wille ist perfekt. Meine Liebe ist ausreichend.
Ich werde alle deine Bedürfnisse befriedigen, gemäß meinem Reichtum in Herrlichkeit.
Schau nur auf mich, mein Sohn, meine Tochter.
Ich liebe dich! Vertraue mir!

Ich bete, dass er euch aus seinem großen Reichtum die Kraft gibt, durch seinen Geist innerlich stark zu werden.

Epheser 3,16

Der Herr segne dich und sei dir nahe.
Er erfülle dir die geheimen Wünsche deines Herzens.
Der Herr vermehre Gnade und Weisheit bei dir
und beschenke dich mit viel Verständnis.
Der Herr segne dich und befreie dich
von aller Versuchung zur Sünde.
Der Herr segne dich und rüste dich aus mit dem
Geist des Gebets, dass du betest ohne Unterlass und
ständig die Nähe des Herrn, deines Gottes, suchst.
Der Herr segne dich mit Freude, dass dein Herz
zum Lobe Gottes singt und ihm Dank bringt für alles –
wie die Umstände auch sein mögen.
Der Herr segne dich heute mit etwas Kostbarem,
das du als seine Gabe erkennst,
als Antwort auf diesen Segen.
Der Herr hebe sein Angesicht über dich
und gebe dir Frieden.

Alter irischer Segen

Die Ruhe des Überwinders

Es gibt nichts, keinen Umstand, kein Problem, keinen Test,
der mein Leben berühren kann, ohne dass Gott nicht schon davor davon wusste.
Und wenn es dann kommt, dann kommt es mit einer bestimmten Absicht,
die ich im Moment noch nicht verstehe.
Aber ich weigere mich, in Panik zu geraten.
Ich hebe meine Augen auf zu Gott und nehme alles aus seiner Hand an,
in der Erwartung eines großen Segens für mein Herz.

Kein Leid wird mich zerstören, kein Umstand mich in die Verzweiflung treiben,
denn ich bleibe in der Freude der Gewissheit, wer mein Herr ist.
Das ist die Ruhe des Überwinders und sein Sieg.

Nach Alan Redpath

Aber trotz all dem tragen wir einen überwältigenden Sieg davon durch Christus, der uns geliebt hat.

Römer 8,37

Ganz entspannt auf Gottes Weg

Singt dem Herrn ein neues Lied,
denn er hat Wunder getan.
Durch seine Macht und Heiligkeit
hat er einen großen Sieg errungen.

Psalm 98,1

Kürzlich erzählte mir eine meiner Mitarbeiterinnen, wie sie eigentlich zu uns nach Afrika kam. Ich kann immer wieder nur darüber staunen, was Gott alles tun kann, wenn wir offen für sein Handeln sind. Ihm ist wirklich nichts unmöglich und er kann uns mit allem versorgen, was wir brauchen!

Miserable Englischkenntnisse, keine besondere Abenteuerlust – ich nach Afrika? Zu viel sprach dagegen. Selbst einige Leiter in der Gemeinde rieten mir dringend davon ab und meinten, ich solle zunächst „die Kosten überschlagen". Andere Geschwister hingegen ermutigten und drängten mich geradezu, diesen Schritt zu wagen. „Was hast du zu verlieren? Wenn es dir nicht gefällt oder es nicht von Gott ist, kannst du jederzeit wieder zurückkommen."
Wo sie recht hatten, hatten sie recht ... Ich schickte eine Bewerbung los und nur wenige Tage später bekam ich bereits die Einladung zu einem Vorstellungsgespräch. Der Friede und die Freude in meinem Herzen, die mich nach dieser Nachricht erfüllten, überwältigten mich total. Aber es lag in Gottes Hand. Er sollte mir Türen öffnen oder eben schließen. Er wusste um meine finanzielle Situation. Er musste ein Wunder vollbringen, wenn er mich in Afrika haben wollte. So war ich recht entspannt und verließ mich einfach auf sein Eingreifen, schließlich war er es, der diesen Wunsch in mein Herz gepflanzt hatte, da war ich mir sicher.
Ich hatte weder das Fahrgeld noch ein Fahrzeug zur Verfügung, um zum Vorstellungsgespräch nach Imst zu kommen, außerdem wünschte ich mir still und heimlich noch etwas Neues anzuziehen. Ich wollte nicht mit meinen abgetragenen Klamotten erscheinen.
Ziemlich bald kam eine liebe Schwester aus meiner Gemeinde auf mich zu und meinte, sie wollte schon immer einmal nach Imst fahren und sei bereit, dort mit mir hinzufahren. Sie wartete kaum meine Zusage ab und organisierte alles Weitere, z.B. eine Unterkunft für zwei Nächte, damit sich die lange Fahrt auch „richtig lohnte". Ich war ziemlich baff. Tage später kam sie freudestrahlend auf mich zu und streckte mir einen 50-Euro-Schein entgegen – die Spende eines lieben Bruders, der es auf dem Herzen hatte, uns etwas unter die Arme zu greifen.
Vollkommen sprachlos war ich, als die Schwester auch noch eine Tasche mit Kleidungsstücken mitbrachte und meinte, sie habe ein paar Sachen daheim gefunden, die ihr nicht mehr passen würden, ich solle doch einmal gucken, ob da etwas für mich dabei wäre. Ich war sprachlos. Über diesen Wunsch hatte ich nicht ein Wort verloren!
Das war lediglich der Einstieg in mein Afrikaabenteuer. Gott sprach auch weiterhin sehr deutlich zu mir und öffnete mir jede Tür. Sprache, Finanzen ... Kein Problem ist zu groß, als dass Gott sich seiner nicht annehmen könnte. Ich bin sogar überzeugt, dass Gott viel mehr mit uns anfangen kann, wenn wir ihm nicht immer ins Handwerk pfuschen ... Wenn wir Gottes Willen von ganzem Herzen tun wollen, können wir total entspannt zusehen, wie er ein Wunder nach dem anderen vollbringt.

Anita Zurek

Der Sprung im Krug

Es war einmal eine alte chinesische Frau. Sie trug eine große Stange über ihren Schultern, an deren Enden zwei große Krüge hingen. Einer der Krüge hatte einen Sprung, während der andere makellos war und stets eine volle Portion Wasser fasste. So war am Ende der langen Wanderung vom Fluss zum Haus der eine Krug immer nur halb voll.

Zwei Jahre lang ging das so: Die alte Frau bekam täglich nur eineinhalb Krüge mit Wasser nach Hause. Der makellose Krug war natürlich sehr stolz auf seine Leistung, aber der andere mit dem Sprung schämte sich wegen seines Mangels und war betrübt, dass er nur die Hälfte dessen verrichten konnte, wofür er gemacht worden war. Nach zwei Jahren, die ihm wie ein endloses Versagen vorkamen, sprach der Krug zu der alten Frau:

„Ich schäme mich so sehr wegen meines Sprunges, aus dem auf dem Weg zu deinem Haus das Wasser läuft."

Die alte Frau lächelte. „Ist dir aufgefallen, dass auf deiner Seite des Weges Blumen blühen, aber auf der des anderen Kruges nicht? Ich habe auf deiner Seite Blumensamen gesät, weil ich mir deines Makels bewusst war. Nun gießt du sie jeden Tag, wenn wir nach Hause laufen. Schon seit zwei Jahren kann ich diese wunderschönen Blumen pflücken und meinen Tisch damit schmücken. Wenn du nicht genau so wärst, wie du bist, würde diese Schönheit nicht existieren und unser Haus beehren."

Jeder von uns hat seine ganz eigenen Mängel und Fehler, aber es sind die Risse und Sprünge, die unser Leben so interessant und lohnenswert machen.

(Autor unbekannt)

Als ich wieder vorüberging und dich sah, da warst du so weit: Die Zeit der Liebe war für dich gekommen. Deshalb legte ich dir meinen Mantel um und bedeckte deine Nacktheit und schwor dir Treue. Ich schloss einen Bund mit dir, spricht Gott, der Herr, und du gehörtest mir.

Hesekiel 16,8

Die Lösung

Am gleichen Tag waren zwei Jünger von Jesus unterwegs nach Emmaus, einem Dorf, das etwa elf Kilometer von Jerusalem entfernt lag. Auf dem Weg sprachen sie über alles, was geschehen war. Plötzlich kam Jesus selbst, schloss sich ihnen an und ging mit ihnen. Aber sie wussten nicht, wer er war, weil Gott verhinderte, dass sie ihn erkannten. „Worüber redet ihr", fragte Jesus. „Was beschäftigt euch denn so?" Da blieben sie voller Traurigkeit stehen. …

„Er war ein Prophet, der vor Gott und dem ganzen Volk erstaunliche Wunder tat und mit großer Vollmacht lehrte. Doch unsere obersten Priester und die anderen Ältesten haben ihn verhaftet, den Römern ausgeliefert und zum Tod verurteilen lassen, und er wurde gekreuzigt. Wir hatten gehofft, er sei der Christus, der Israel retten und erlösen wird. Das alles geschah vor drei Tagen. Aber heute Morgen waren einige Frauen aus unserer Gemeinschaft schon früh an seinem Grab und kamen mit einem erstaunlichen Bericht zurück. Sie sagten, sein Leichnam sei nicht mehr da, und sie hätten Engel gesehen, die ihnen sagten, dass Jesus lebt! Einige von uns liefen hin, um nachzuschauen, und tatsächlich war der Leichnam von Jesus verschwunden, wie die Frauen gesagt hatten."

Lukas 24,13-17.19-24

Mit schmerzerfülltem Herzen hatten die Jünger an dem leeren Grab des Herrn gestanden, das ihre glänzenden Hoffnungen auf eine Befreiung aus der römischen Knechtschaft verschlungen hatte. Eine kleine Hoffnung war ihnen geblieben: der dritte Tag nach der Kreuzigung. Dann sollte Jesus von den Toten auferstehen.

Oft haben auch wir noch eine Hoffnung: Wenn ich diese Konferenz besuche, wenn ich mit diesem Seelsorger spreche, wenn dieser Mensch für mich betet, wenn ich dieses Buch lese, dann …

Die Jünger setzten den letzten Funken Hoffnung auf den dritten Tag. Sie erwarteten dann die Lösung des Rätsels, des Kreuzestodes des Messias, und die Kehrtwende. Jesus hatte ihnen zwar vom dritten Tag nach seinem Tod erzählt, nur den Inhalt seiner Verheißungen hatten sie nicht verstanden.

Die zwei Wanderer erzählten dem Unbekannten, dass einige Frauen aus dem Jüngerkreis alle in großes Staunen und Erschrecken versetzt hätten. Denn diese Botschaft, dass das Grab leer sei, hatte in ihnen den letzten Hoffnungsschimmer erbarmungslos ausgelöscht. Nach dieser Kunde nahmen sie alle von Jerusalem Abschied, weil sie dachten, dass jetzt wirklich alles aus sei. Dabei war es doch eigentlich offensichtlich: Ein leeres Grab sollte bedeuten, dass Jesus lebt! Nicht dieses Buch, nicht diese Konferenz, nicht dieser Seelsorger sind die Lösung unseres Konfliktes, unseres Problems, sondern dass Jesus lebt – auch heute.

Werde still, *mein Kind!*

Durch Umkehr und Ruhe könntet ihr gerettet werden.
Durch Stillsein und Vertrauen könntet ihr stark sein.

Jesaja 30,15

Wie Marta meine Nähe versäumt hat in der Anstrengung, mir zu dienen, so hast auch du sie versäumt. Ich habe dich gerufen: „Komm zu mir", doch du hattest keine Zeit.
Ich habe gerufen: „Ruhe in mir", doch du hast dich weiterhin in Aktivitäten verausgabt. Ich habe gerufen: „Bleib stehen", aber du bist weitergerannt.

Mein geliebtes Kind, dass du dich für mich verausgabst, habe ich nicht nötig, ich sehne mich in erster Linie nach deiner Liebe.
Gib mir zuerst deine Liebe, und alles andere kann folgen.
Dann wirst du mir dienen mit einem leichten Herzen und beflügelten Füßen.
Überlass alles mir und ich werde durch dich fließen mit meiner Kraft und Energie, wie du es noch nie erfahren hast.

Meine Gedanken sind höher als deine Gedanken, und meine Wege sind höher und besser als deine Wege.

Ich habe dich geschaffen zu guten Werken, die ich im Voraus bereitet habe, damit du in ihnen wandelst.
Du musst mir nichts mehr beweisen. Ich habe mit meiner Hingabe am Kreuz schon bewiesen, dass ich dich liebe, du also liebenswert bist.
Du bist schon angenommen und du bist wichtig für mich.
Aber komm in meine Ruhe.
Lass uns zusammen gehen und in dieser Herzensverbundenheit die Werke tun, die den Vater verherrlichen, unseren Mitmenschen viel Segen bringen und auch deinem Herz die Fülle der Freude.

Gott erhört Gebete

Im Jahr 1944, ich war fünf Jahre alt, spielte ich mit meiner Puppe Lisbeth. Sie hatte wunderschöne lange Haare und ein hübsches Porzellangesicht. Gerade legte ich Lisbeth in ihr Schachtelbett und ermahnte sie, nun ihren Mittagsschlaf zu halten. Meine Mutter stand neben mir und bügelte. Mein Brüderchen Kurti war zwei Jahre alt und schlief nebenan. Plötzlich drang der durchdringende Lärm der heulenden Fliegeralarmsirenen durch die Luft. So rannten wir mit vielen anderen Menschen zum Luftschutzkeller. Eng an meine Mutter gepresst hörte ich das Pfeifen der Bomben und die vielen Detonationen, die immer näher kamen. Vor Angst konnte ich kaum atmen, der Weg bis zum Keller schien heute unendlich weit zu sein. Durch die Haustür strömten aufgeregt schreiende Menschen, wir wurden beiseitegeschubst und erreichten endlich den Rettung versprechenden Keller. Ich spürte, wie meine Mutter uns ganz energisch in eine Ecke hineinschob und mit entschiedener Stimme sagte: „Hört auf zu schreien, lasst uns beten!"
Sie begann: „Vater unser, der du bist im Himmel …" Langsam kamen die Menschen zu uns in die Ecke und sprachen mit: „Geheiligt werde dein Name." Immer dichter drängten sich all die Verängstigten um uns und nun beteten alle: „Dein Reich komme, dein Wille geschehe." Ich versuchte, alle Worte mitzubeten, die ich schon behalten hatte, aber schließlich wusste ich nicht mehr weiter. So stand ich eng bei meiner Mutter, umgeben von Menschen, die innerhalb einer Minute ihre untätige Opferhaltung verlassen hatten und zu Betern geworden waren. Nun schaute ich in Gesichter, die immer noch ängstlich waren, aber doch einen Halt gefunden hatten und sich in all dem Chaos an ihren Glauben erinnerten, der ihnen Zuversicht und Hoffnung gab. „Wie im Himmel, so auf Erden." Die Stimme meiner Mutter erbat sicher und fest den Schutz des unsichtbaren Gottes für uns und ich merkte, wie auch ich ruhiger wurde. Leise betete ich: „Bitte, lieber Gott, pass auf meine Puppe Lissy auf!"
Auf einmal spürten wir, wie die Erde zitterte, und plötzlich ließ ein sehr starkes Beben unsere Knie erzittern. Eine Bombe war unmittelbar vor unser Kellerfenster in unseren Vorgarten gefallen. Der riesige Eisenschutz im Fenster wurde wie im Zeitlupentempo in unseren Raum geschleudert. Mit tosendem Scheppern fiel er direkt vor unsere Füße. Keiner von uns wurde verletzt, weil wir alle in dieser Ecke mit meiner Mutter beteten. Die starke Hand Gottes hatte uns bewahrt.
Ich weiß noch, wie wir nach dem Angriff ehrfurchtsvoll schweigend über die Trümmer und das Eisengitter wieder nach oben stiegen. Das Haus war stehen geblieben, aber viele Dinge lagen im Weg und alle Fensterscheiben waren zerbrochen. Ich hatte nur einen Gedanken: „Wie wird es Lissy gehen?" Meine Puppe lag friedlich schlafend in ihrem Kartonbettchen und ich drückte sie glücklich an mein Herz. Von diesem Tag an hatte ich keinen Zweifel mehr, dass Gott Gebete erhört!

Gib nie auf!

Eines Tages hatte ich entschieden, alles aufzugeben ... meine Arbeit, meine Beziehungen, mein Leben mit Gott. Ich wollte nicht mehr leben.

Ich ging in den Wald, um ein letztes Gespräch mit Gott zu führen. „Gott", sagte ich, „kannst du mir einen guten Grund nennen, warum ich mich nicht verabschieden sollte?"

Seine Antwort überraschte mich: „Schau dich um", sagte er. „Siehst du den Farn und den Bambus?"

„Ja", antwortete ich.

„Als ich den Farn und den Bambus pflanzte, habe ich sehr gut für sie gesorgt. Ich gab ihnen Licht und Wasser. Der Farn wuchs sehr schnell und bedeckte bald den Waldboden. Aber vom Bambus war nichts zu sehen. Doch ich gab nicht auf. Im zweiten Jahr wuchs der Farn noch buschiger, aber vom Bambus konnte man immer noch nichts erkennen. Auch im dritten Jahr war noch keine Spur von ihm zu sehen, aber ich gab trotzdem nicht auf. Das vierte Jahr brachte wieder keine Ergebnisse, die man sehen konnte. Aber ich gab nicht auf. Dann, im fünften Jahr, kam ein kleiner Bambussproß hervor. Und in den folgenden sechs Monaten ist der Bambus über drei Meter hoch gewachsen.

Fünf Jahre lang war er nur damit beschäftigt gewesen, sein Wurzelsystem aufzubauen. Und diese Wurzeln gaben dem Bambus die Kraft, so stark und schnell zu wachsen. Ich gebe niemandem eine Aufgabe, die er nicht schaffen könnte."

Dann fragte Gott mich: „Hast du gewusst, mein Kind, dass du in all den Jahren, in denen du am Kämpfen warst, dein Wurzelsystem aufgebaut hast? Ich habe beim Bambus nicht aufgegeben, ich werde auch bei dir nie aufgeben und immer an dich glauben. Vergleiche dich nicht mit anderen. Der Bambus und der Farn haben verschiedene Aufgaben, aber beide machen den Wald sehr schön. Deine Zeit kommt noch."

„Wie hoch soll ich wachsen?", fragte ich.

Er fragte zurück: „Wie hoch wächst der Bambus?"

„So hoch, wie er will?", meinte ich.

„Ja", antwortete er, „gib mir die Ehre und wachse so hoch, wie du kannst."

Mit einer neuen Lebensschau verließ ich den Wald.

(Autor unbekannt)

Alles zum Besten

Überwinder wissen, dass denen, die Gott lieben, alle Dinge zum Besten dienen müssen. Sie haben innerlich umgeschaltet. Bisher sagten sie bei Problemen vielleicht: „Zurzeit geht alles schief, mir geht es so schlecht." Als Überwinder sagen wir: „Jesus ist größer als meine Probleme, und auch diese Situation wird Gott zum Guten wenden!" Wir sehen weg von uns und unseren Problemen und Begrenzungen und schauen auf Jesus, dem alles verfügbar ist, was wir brauchen. In 2. Korinther 12,9 lesen wir: Jedes Mal sagte Gott: „Meine Gnade ist alles, was du brauchst. Meine Kraft zeigt sich in deiner Schwäche." Und nun bin ich zufrieden mit meiner Schwäche, damit die Kraft von Christus durch mich wirken kann. Die Frage ist, ob wir aus unserer Schwäche herauskommen wollen oder ob wir sie als Entschuldigung für unsere Passivität benutzen. Sind wir bereit, unsere Schwächen vor anderen zuzugeben und uns von ihnen korrigieren zu lassen?

Mit dir kann ich ganze Heere zerschlagen, mit dir überwinde ich jede Mauer.

2. Samuel 22,30

Versorgt

Mit 19 war ich bei Freunden auf einer Hochzeit eingeladen gewesen und ich hatte während des Gottesdienstes gedacht: „Ob das wohl gut gehen wird?" Spontan hatte ich folgendes Gebet gesprochen: „Herr, ich will nie heiraten, nur um verheiratet zu sein. Ich bin bereit, auf den Richtigen zu warten, bis ich fünfzig bin!"

Mit 30 Jahren hatte ich dieses Gebet schon schwer bereut, aber Gottes Wege sind höher als unsere Wege. Es boten sich immer wieder Gelegenheiten, liebenswerte Männer kennenzulernen, und jedes Mal hörte ich die Frage in meinem Herzen: „Warum willst du heiraten?" Jede meiner Antworten wurde mit einer Gegenantwort von Gott entkräftet.

So sagte ich z.B.: „Ich möchte jemanden, dem ich ganz gehöre!" Und der Herr sagte zu mir: „Aber du gehörst mir und ich gehöre dir."

„Ich möchte einen neuen Namen." Der Herr antwortete: „Ja, den hast du schon! Ich habe dich von einer Sünderin zu einer berufenen Heiligen gemacht."

„Ich möchte einen Versorger." Der Herr erwiderte: „Ich bin dein Versorger!"

„Ich möchte jemanden, der mich nie verlässt oder im Stich lässt." Der Herr sagte: „Einen besseren als mich kannst du nie bekommen. Ich werde dich nie verlassen."

„Ich möchte gerne einen innigen Freund, der mich durch und durch versteht und mit mir durch dick und dünn geht." Der Herr sprach: „Aber das bin ich doch!"

So habe ich Christus in den folgenden Jahren als meinen Liebhaber, meinen besten Freund, meinen Beschützer, meinen Versorger und als den, der mich nie im Stich lässt, kennengelernt.

Mit 45 Jahren war ich mit der Gegenwart Gottes, mit seiner spürbaren Nähe, so erfüllt, dass sogar meine Freunde sagten: „So wie Jesus dich verwöhnt, könnte dich nie ein Ehepartner verwöhnen."

Willst du das auch? Lässt du zu, dass Jesus dir alles wird?

Lebe einfach!
Liebe verschwenderisch!
Sprich freundlich!
Sei barmherzig und doch
konsequent!
Und überlass den Rest
Gott!

Kein Ozean kann sie zurückhalten.

Kein Fluss kann sie einholen.

Kein Sturm ist schneller.

Keine Armee kann sie besiegen.

Kein Gesetz kann sie stoppen.

Keine Entfernung kann sie verlangsamen.

Keine Krankheit kann sie verkrüppeln.

Keine Macht der Welt ist stärker oder effektiver als die Macht des Gebetes!

Das Gebet eines gerechten Menschen hat große Macht und kann viel bewirken.

Jakobus 5,16

Praise, praise!

Dieses Zeugnis berichtete mir eine meiner Mitarbeiterinnen. Ja, Gott beschützt uns und kennt uns ganz genau. Und er hat Humor! Er weiß schon, was wir brauchen, bevor wir uns darüber im Klaren sind!

„Praise, praise", sagte der Copilot, als er uns auf die bevorstehende Notlandung einstimmte. Das sei das „Codewort". Sobald wir es hörten, sollten wir beide Arme gekreuzt auf der Rückenlehne des vor uns befindlichen Sitzes ablegen und uns vorbeugen. Die Füße fest am Boden, den Kopf zwischen den Armen, das Gesicht nach unten.
Leichte Panik stieg in mir auf und mir kamen die Tränen. War ich wirklich schon bereit, diese Welt zu verlassen? In die Arme meines Herrn?
„Pray, pray", dachte ich, schließlich kann ich doch beten. Und überhaupt – das internationale Codewort für diese Sitzposition heißt eigentlich „Safety Position". Wie kam der Pilot von Aegean Airlines, bei denen ich den Flug von Thessaloniki nach Stuttgart gebucht hatte, überhaupt auf dieses „Praise"? Vielleicht war er gläubiger Christ? Dann waren wir wenigstens schon einmal zu zweit.

Das Fahrgestell unserer Maschine konnte nicht ausgefahren werden, und ein Flugzeug ohne Räder zu landen ist nun mal kein Vergnügen. Ich saß so ungünstig zwischen den Notausgängen, dass ich sie niemals, z.B. im Falle eines Feuers, rechtzeitig erreichen würde – das war zumindest meine Angst.
Also – beten! In dem überwiegend mit griechischen Männern besetzten Jumbo herrschte eine unheimliche Stille. Dann ertönte das Codewort: „Praise, Praise!" Unisono beugten sich die über hundert Passagiere nach vorne und ich betete so inständig wie wohl niemals zuvor.
Es ruckelte ... Etwas holprig setzte das Flugzeug auf und ... es rollte! Ein Aufatmen ging durch die Reihen. Tosender Applaus erhob sich und viele „gestandene" Männer lagen sich weinend in den Armen. Ich lächelte vor mich hin. „Praise the Lord", dachte ich. „Danke, Herr! Habe ich die Vertrauensprüfung bestanden?"
So begann meine Herbstreise in Deutschland und sie endete natürlich einige Wochen später ... wieder in einem Flugzeug.
Würde mich diesmal die Angst überfallen oder konnte ich so gelassen wie immer den Flug genießen?

Vertraute ich Gott wirklich? Ich bete: „Herr Jesus, beschütze uns, lass uns bei dir geborgen sein wie Küken unter den Flügeln einer Henne."

Der Flugbegleiter unterbrach mich und forderte meine Handtasche. Verständnislos sah ich ihn an, worauf er mir lächelnd erklärte, dass ich auf meinem Sitzplatz keinerlei Gegenstände mit mir führen dürfte. Ich säße direkt neben dem Notausgang und da sei dies nicht erlaubt.

Verblüfft stellte ich fest, dass ich tatsächlich zum allerersten Mal in meinem Leben nach etlichen Reisen im Flugzeug den Sitz neben dem Notausstieg erwischt hatte. Und das, ohne danach gefragt zu haben! Ich musste lachen. Mein Vater im Himmel kennt mich so genau. Er wusste, dass ein Hauch Angst mitfliegen würde, und schien mich mit diesem besonderen Sitzplatz beruhigen zu wollen. So genoss ich die zusätzliche Beinfreiheit und das Gefühl, geliebte Tochter eines allmächtigen Königs zu sein. Gott ist so gut und mir war, als trage er selbst uns auf seinen Adlerflügeln sicher von einem Ort zum anderen.

Erika Ströer

Vergessen?

Einmal war ich in Florida und fühlte mich sehr einsam und allein. Ich lief in den Morgenstunden am Strand entlang und war sehr traurig und mutlos. Ich zweifelte, ob Gott überhaupt wusste, dass ich auf dieser Welt war. Mein Herz war voller Sehnsucht, etwas in dieser Welt zu bewirken. Aber ich hatte keine Hoffnung, dass das durch mich geschehen könnte. Ich sah die Delfine in dem großen Meer springen und sagte laut vor mich hin: „Kein Hund würde sich scheren, wenn ich heute in diesen Wellen verschwinden würde."

Es waren keine fünf Minuten vergangen und ich wurde wild von einem Hund geleckt. Es war der schönste Straßenköter, den ich je gesehen habe! Ein Abgeordneter Gottes, der mir sagen sollte, dass Gott weiß, dass ich da bin, er meine Worte gehört hat und ich nicht im Recht bin. Es war ein wunderbarer Hund und ich habe den ganzen Tag mit ihm gespielt und war sehr dankbar für das Sprechen Gottes.

Kann auch eine Frau ihr Kindlein vergessen, dass sie sich nicht erbarme über den Sohn ihres Leibes? Und ob sie seiner vergäße, so will ich doch deiner nicht vergessen.

Jesaja 49,15

Worte der Weisheit

Gib Gott das Beste, nicht das, was übrig bleibt.

Die Wege der Menschen führen zu einem hoffnungslosen Ende,
Gottes Wege führen zu endloser Hoffnung.

Wenn du vor Gott kniest, dann kannst du vor allen Menschen stehen.

Setz kein Fragezeichen, wo Gott nur einen Gedankenstrich macht.

Wenn du betest, dann gib Gott keine Anweisungen,
sondern melde dich zum Dienst.

Wir werden die Botschaft Gottes nicht verändern, seine Botschaft verändert uns.

Was Gott ins Leben ruft, das erhält er auch.

Was Gott als Auftrag gibt, *das bezahlt er auch.*

Was Gott beginnt, das bringt er auch zu einem guten Ende.

Die meisten Menschen wollen Gott dienen,
aber eher in einer beratenden Haltung.

Mach deine Gymnastikübungen täglich – geh mit Gott!

Nichts kann die Wahrheit so zerstören, als wenn man sie streckt.

Barmherzigkeit kann man schwer weggeben,
denn sie kommt immer wieder zurück.

Gott beruft nicht die Qualifizierten,
er qualifiziert die Berufenen.

Das beliebteste Möbelstück des Feindes
ist die lange Bank.

Was man nicht gleich tut, das dauert lang.

Was ich nicht bezahlen kann, das brauche ich nicht.

Die Welt kann nur verändert werden durch Menschen,
die sich von der Welt nicht verändern lassen.

Geschenke Gottes

Zu meinem 60. Geburtstag erhielt ich viele Glückwünsche und Geschenke. Auch einen besonderen Anruf von einer Freundin, die mir herzlich gratulierte und dann meinte: „Ich habe von Gott im Gebet gehört, dass ich dir zum Geburtstag einen neuen BMW schenken soll." Ich fand das sehr überraschend und antwortete: „Aber ich bin doch Missionarin, ich kann doch keinen BMW fahren!" Sie blieb jedoch fest bei ihrer Meinung und fragte: „Willst du dich Gottes Willen widersetzen?" Erstaunt fuhr ich fort: „Nein, natürlich nicht!" Sie sagte trocken: „Na, dann sag wenigstens Danke!" Ich bedankte mich von Herzen und tatsächlich stand drei Wochen später der BMW vor der Tür. Ich fahre ihn immer noch und genieße bei den langen Fahrten zu meinen Vorträgen in Deutschland, Österreich und der Schweiz die Bequemlichkeit dieses Wagens, durch die Gott mir hilft, ausgeruht und mit frischen Gedanken zu den Menschen zu sprechen.

Auch wurde ich bereits einige Male zu wunderbaren Urlauben eingeladen, zum Beispiel einer Mittelmeerkreuzfahrt und vielen USA-Aufenthalten. So erlebe ich immer wieder, dass Gott wirklich für alles sorgt und dass er weit mehr tun kann, als wir uns vorstellen oder erwarten und erbitten.

Einmal erlebte ich sogar, wie Gott das Geld für uns vom Himmel fallen ließ: Bei einer unserer großen Konferenzen hatten wir uns finanziell so verausgabt, dass wir schon zu Beginn nicht mehr wussten, wie wir alles bezahlen sollten. Nun standen wir am ersten Tag mit den Sprechern im Hotel und wollten mit ihnen zum Essen ausgehen, aber wir hatten kein Geld dafür.

Mein lieber Bruder Hannes ging vor das Hotel und fand am Rande des Gehsteigs 200 DM. Niemand war in der Nähe, so brachte er es zur Rezeption. Aber die Empfangsdame sagte: „Damit kann ich nichts anfangen, wem soll ich das Geld denn geben? Es ist Ihres, Sie haben es gefunden, behalten Sie es!"

Dieses Erlebnis hat sich groß und prägend auf unseren Glauben ausgewirkt. Die Konferenz wurde ein voller Erfolg und auch finanziell wurde alles abgedeckt.

Gib mir dein Herz

Lass mich dich lieben, so wie du bist!
Ich kenne deine Probleme, ich kenne die Kämpfe deiner Seele, ich kenne die Schwachheit deines Körpers.
Ich kenne auch deine Sünden und ich weiß, wenn du dich wie ein Feigling verhältst.
Und trotzdem sage ich dir: „Gib mir dein Herz, liebe mich, so wie du bist."

Wenn du wartest, bis du vollkommen bist, bevor du mir deine Liebe schenkst, wirst du mich nie lieben.
Wenn du auch täglich versagst und nicht tust, was du tun willst, werde ich dir nicht erlauben, mich deshalb nicht zu lieben.
Liebe mich genau so, wie du bist!

In jedem Augenblick, in jeder Situation, entweder in Treue oder Untreue, im Gelingen und im Versagen, in Trockenheit und im Strom des Lebens, liebe mich, genau so, wie du bist!

Kann ich nicht aus einem Sandkorn eine Perle machen, die in Reinheit und Herrlichkeit erstrahlt?
Bin ich nicht der allmächtige Gott?
Mein Kind, lass mich dich lieben!
Ich sehne mich nach deiner Herzensnähe.
Sicherlich werde ich dich im Laufe der Jahre verändern, aber jetzt liebe ich dich so, wie du bist.
Und es ist mein Herzenswunsch, dass du mich auch so liebst, wie du gerade bist.
Aus der Tiefe deiner Herzensnot will ich sehen, wie deine Liebe wächst.
Lass mich dich lieben, so wie du bist, und liebe mich, so wie du bist!

Ich bin überzeugt: Nichts kann uns von seiner Liebe trennen. Weder Tod noch Leben, weder Engel noch Mächte, weder unsere Ängste in der Gegenwart noch unsere Sorgen um die Zukunft, ja nicht einmal die Mächte der Hölle können uns von der Liebe Gottes trennen.

Römer 8,38

Gebet

Ein Gebet für andere und mich nach Epheser 1,17-21:

Ich bitte den Gott unseres Herrn Jesus Christus, den Vater,
dem alle Macht und Herrlichkeit gehört,
mir und dir durch seinen Geist Weisheit zu geben,
sodass du und ich ihn und seine Heilsabsicht erkennen können.
Er öffne uns das innere Auge, damit wir sehen,
zu welch großartigem Ziel er uns berufen hat.
Er lasse uns erkennen, wie reich er uns beschenken will
und zu welcher Herrlichkeit er uns in der Gemeinschaft der Engel bestimmt hat.
Wir sollen begreifen, wie überwältigend groß die Kraft ist,
mit der er an uns, den Glaubenden, wirkt.
Es ist dieselbe gewaltige Kraft, mit der er an Christus gewirkt hat,
als er ihn vom Tod auferweckte und in der himmlischen Welt
an seine rechte Seite setzte.

Empor gehoben

Wenn sich der Adler einmal ausruhen will, setzt er sich fast immer auf einen Felsen, anstatt auf dem Boden zu landen. Wenn er schließlich weiterfliegen will, wartet er so lange auf der felsigen Erhöhung, bis ein Aufwind, eine Luftströmung, kommt und ihn wieder in die Lüfte emporhebt.

Für uns bedeutet dieses Warten, auf den Herrn zu harren, zu vertrauen, den richtigen Augenblick abzuwarten. Deswegen heißt es auch in Jesaja 40,31: „Doch die, die auf den Herrn warten, gewinnen neue Kraft. Sie schwingen sich nach oben wie die Adler. Sie laufen schnell, ohne zu ermüden. Sie werden gehen und werden nicht matt."

Dieses Vertrauen ist nötig, um wie ein Adler im Sturm allein fliegen zu können. Ein Adler wird eigentlich nur durch einen Sturm, durch Herausforderungen, gefördert. Wenn er einen Sturm sieht, dann wird er lebendig und fängt an, in die Lüfte zu steigen. Deshalb kann man manchmal beobachten, wie Adler alleine im Sturm kreisen. Auch Gott wird dir zeigen, wie du bei den Herausforderungen deines Lebens anfangen kannst, höher zu steigen, und nicht wie ein Huhn in den Hühnerstall rennen und dort ängstlich herumsitzen musst. Bei einem starken Windstoß musst du nur die Flügel ausbreiten, damit Gott dich tragen kann. Dann musst du nicht mehr wie ein Huhn eingesperrt leben. Das ist die Botschaft, die Jesus für uns hat.

Ich habe euch sicher hierher zu mir gebracht,

Weitere Veröffentlichungen
von Maria Luise Prean-Bruni mit Constanze Nolting

SCM R.Brockhaus

Gott spielt in meinem Leben keine Rolle – er ist der Regisseur

Maria Luise Prean-Bruni ist durch ihre Tätigkeit als Referentin einem großen Publikum bekannt. Ihre Tonträger haben sich hunderttausendfach verkauft. Vor einigen Jahren hat sie ein Missions- und Kinderhilfswerk in Uganda gegründet, welches sich beeindruckend entwickelt. Nun schreibt sie die Autobiographie ihres bewegten Lebens. Sie erzählt von spannenden und wegweisenden Ereignissen und den verschiedenen Berufen, in denen sie tätig war.

Gebunden, 13 x 20,5 cm, 162 Seiten
Nr. 224.496

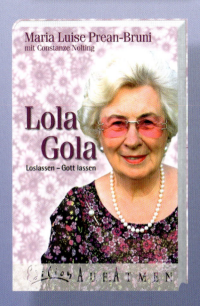

Lola Gola
Loslassen – Gott lassen

Missionarin und Evangelistin Maria Luise Prean-Bruni ist für ihre humorvollen und mitreißenden Predigten bekannt. In diesem Andachtsbuch gibt sie erfrischende, herausfordernde und manchmal auch ungewöhnliche Impulse für das Leben mit Gott. Sie ermutigt dazu, eigene Vorstellungen von Gott und dem Leben loszulassen, Gott in das eigene Leben hineinzulassen und sich in allen Dingen auf ihn zu verlassen – kurz: *Lola Gola*. Gewürzt sind diese Gedankenanstöße mit vielen praktischen Beispielen aus Maria Preans eigenem Glaubensleben.

Gebunden, 13,5 x 20,5 cm, 220 Seiten
Nr. 226.257